THIS JOURNAL BELONGS TO:

ISBN: 978-1-958297-38-4

Corzo Creations, LLC

INCOME	
SOURCE	AMOUNT
TOTAL	

SAVINGS	
BUDGETED	ACTUAL
DIFFERENCE	

EXPENSES				
#	DESCRIPTION	DATE	AMOUNT	PAID
1				☐
2				☐
3				☐
4				☐
5				☐
6				☐
7				☐
8				☐
9				☐
10				☐
11				☐
12				☐
13				☐
14				☐
15				☐
16				☐
17				☐
18				☐
19				☐
TOTAL				

ISBN: 978-1-958297-38-4
Corzo Creations, LLC

INCOME	
SOURCE	AMOUNT
TOTAL	

SAVINGS	
BUDGETED	ACTUAL
DIFFERENCE	

EXPENSES				
#	DESCRIPTION	DATE	AMOUNT	PAID
1				☐
2				☐
3				☐
4				☐
5				☐
6				☐
7				☐
8				☐
9				☐
10				☐
11				☐
12				☐
13				☐
14				☐
15				☐
16				☐
17				☐
18				☐
19				☐
TOTAL				

ISBN: 978-1-958297-38-4

Corzo Creations, LLC

INCOME	
SOURCE	AMOUNT
TOTAL	

SAVINGS	
BUDGETED	ACTUAL
DIFFERENCE	

EXPENSES				
#	DESCRIPTION	DATE	AMOUNT	PAID
1				☐
2				☐
3				☐
4				☐
5				☐
6				☐
7				☐
8				☐
9				☐
10				☐
11				☐
12				☐
13				☐
14				☐
15				☐
16				☐
17				☐
18				☐
19				☐
TOTAL				

ISBN: 978-1-958297-38-4
Corzo Creations, LLC

INCOME	
SOURCE	AMOUNT
TOTAL	

SAVINGS	
BUDGETED	ACTUAL
DIFFERENCE	

EXPENSES				
#	DESCRIPTION	DATE	AMOUNT	PAID
1				☐
2				☐
3				☐
4				☐
5				☐
6				☐
7				☐
8				☐
9				☐
10				☐
11				☐
12				☐
13				☐
14				☐
15				☐
16				☐
17				☐
18				☐
19				☐
TOTAL				

ISBN: 978-1-958297-38-4

Corzo Creations, LLC

INCOME	
SOURCE	AMOUNT
TOTAL	

SAVINGS	
BUDGETED	ACTUAL
DIFFERENCE	

EXPENSES				
#	DESCRIPTION	DATE	AMOUNT	PAID
1				☐
2				☐
3				☐
4				☐
5				☐
6				☐
7				☐
8				☐
9				☐
10				☐
11				☐
12				☐
13				☐
14				☐
15				☐
16				☐
17				☐
18				☐
19				☐
TOTAL				

ISBN: 978-1-958297-38-4

Corzo Creations, LLC

INCOME	
SOURCE	AMOUNT
TOTAL	

SAVINGS	
BUDGETED	ACTUAL
DIFFERENCE	

EXPENSES				
#	DESCRIPTION	DATE	AMOUNT	PAID
1				☐
2				☐
3				☐
4				☐
5				☐
6				☐
7				☐
8				☐
9				☐
10				☐
11				☐
12				☐
13				☐
14				☐
15				☐
16				☐
17				☐
18				☐
19				☐
TOTAL				

ISBN: 978-1-958297-38-4

Corzo Creations, LLC

INCOME	
SOURCE	AMOUNT
TOTAL	

SAVINGS	
BUDGETED	ACTUAL
DIFFERENCE	

EXPENSES				
#	DESCRIPTION	DATE	AMOUNT	PAID
1				☐
2				☐
3				☐
4				☐
5				☐
6				☐
7				☐
8				☐
9				☐
10				☐
11				☐
12				☐
13				☐
14				☐
15				☐
16				☐
17				☐
18				☐
19				☐
TOTAL				

ISBN: 978-1-958297-38-4

Corzo Creations, LLC

INCOME	
SOURCE	AMOUNT
TOTAL	

SAVINGS	
BUDGETED	ACTUAL
DIFFERENCE	

EXPENSES				
#	DESCRIPTION	DATE	AMOUNT	PAID
1				☐
2				☐
3				☐
4				☐
5				☐
6				☐
7				☐
8				☐
9				☐
10				☐
11				☐
12				☐
13				☐
14				☐
15				☐
16				☐
17				☐
18				☐
19				☐
TOTAL				

ISBN: 978-1-958297-38-4

Corzo Creations, LLC

INCOME	
SOURCE	AMOUNT
TOTAL	

SAVINGS	
BUDGETED	ACTUAL
DIFFERENCE	

EXPENSES				
#	DESCRIPTION	DATE	AMOUNT	PAID
1				☐
2				☐
3				☐
4				☐
5				☐
6				☐
7				☐
8				☐
9				☐
10				☐
11				☐
12				☐
13				☐
14				☐
15				☐
16				☐
17				☐
18				☐
19				☐
TOTAL				

ISBN: 978-1-958297-38-4

Corzo Creations, LLC

INCOME	
SOURCE	AMOUNT
TOTAL	

SAVINGS	
BUDGETED	ACTUAL
DIFFERENCE	

EXPENSES				
#	DESCRIPTION	DATE	AMOUNT	PAID
1				☐
2				☐
3				☐
4				☐
5				☐
6				☐
7				☐
8				☐
9				☐
10				☐
11				☐
12				☐
13				☐
14				☐
15				☐
16				☐
17				☐
18				☐
19				☐
TOTAL				

ISBN: 978-1-958297-38-4

Corzo Creations, LLC

INCOME	
SOURCE	AMOUNT
TOTAL	

SAVINGS	
BUDGETED	ACTUAL
DIFFERENCE	

EXPENSES				
#	DESCRIPTION	DATE	AMOUNT	PAID
1				☐
2				☐
3				☐
4				☐
5				☐
6				☐
7				☐
8				☐
9				☐
10				☐
11				☐
12				☐
13				☐
14				☐
15				☐
16				☐
17				☐
18				☐
19				☐
TOTAL				

ISBN: 978-1-958297-38-4

Corzo Creations, LLC

INCOME	
SOURCE	AMOUNT
TOTAL	

SAVINGS	
BUDGETED	ACTUAL
DIFFERENCE	

EXPENSES				
#	DESCRIPTION	DATE	AMOUNT	PAID
1				☐
2				☐
3				☐
4				☐
5				☐
6				☐
7				☐
8				☐
9				☐
10				☐
11				☐
12				☐
13				☐
14				☐
15				☐
16				☐
17				☐
18				☐
19				☐
TOTAL				

ISBN: 978-1-958297-38-4
Corzo Creations, LLC

INCOME	
SOURCE	AMOUNT
TOTAL	

SAVINGS	
BUDGETED	ACTUAL
DIFFERENCE	

EXPENSES				
#	DESCRIPTION	DATE	AMOUNT	PAID
1				☐
2				☐
3				☐
4				☐
5				☐
6				☐
7				☐
8				☐
9				☐
10				☐
11				☐
12				☐
13				☐
14				☐
15				☐
16				☐
17				☐
18				☐
19				☐
TOTAL				

ISBN: 978-1-958297-38-4

Corzo Creations, LLC

INCOME	
SOURCE	AMOUNT
TOTAL	

SAVINGS	
BUDGETED	ACTUAL
DIFFERENCE	

EXPENSES				
#	DESCRIPTION	DATE	AMOUNT	PAID
1				☐
2				☐
3				☐
4				☐
5				☐
6				☐
7				☐
8				☐
9				☐
10				☐
11				☐
12				☐
13				☐
14				☐
15				☐
16				☐
17				☐
18				☐
19				☐
TOTAL				

ISBN: 978-1-958297-38-4

Corzo Creations, LLC

INCOME	
SOURCE	AMOUNT
TOTAL	

SAVINGS	
BUDGETED	ACTUAL
DIFFERENCE	

EXPENSES				
#	DESCRIPTION	DATE	AMOUNT	PAID
1				☐
2				☐
3				☐
4				☐
5				☐
6				☐
7				☐
8				☐
9				☐
10				☐
11				☐
12				☐
13				☐
14				☐
15				☐
16				☐
17				☐
18				☐
19				☐
TOTAL				

ISBN: 978-1-958297-38-4

INCOME	
SOURCE	AMOUNT
TOTAL	

SAVINGS	
BUDGETED	ACTUAL
DIFFERENCE	

EXPENSES				
#	DESCRIPTION	DATE	AMOUNT	PAID
1				☐
2				☐
3				☐
4				☐
5				☐
6				☐
7				☐
8				☐
9				☐
10				☐
11				☐
12				☐
13				☐
14				☐
15				☐
16				☐
17				☐
18				☐
19				☐
TOTAL				

My Notes

ISBN: 978-1-958297-38-4

Corzo Creations, LLC

INCOME	
SOURCE	AMOUNT
TOTAL	

SAVINGS	
BUDGETED	ACTUAL
DIFFERENCE	

EXPENSES				
#	DESCRIPTION	DATE	AMOUNT	PAID
1				☐
2				☐
3				☐
4				☐
5				☐
6				☐
7				☐
8				☐
9				☐
10				☐
11				☐
12				☐
13				☐
14				☐
15				☐
16				☐
17				☐
18				☐
19				☐
TOTAL				

ISBN: 978-1-958297-38-4
Corzo Creations, LLC

INCOME	
SOURCE	AMOUNT
TOTAL	

SAVINGS	
BUDGETED	ACTUAL
DIFFERENCE	

EXPENSES				
#	DESCRIPTION	DATE	AMOUNT	PAID
1				☐
2				☐
3				☐
4				☐
5				☐
6				☐
7				☐
8				☐
9				☐
10				☐
11				☐
12				☐
13				☐
14				☐
15				☐
16				☐
17				☐
18				☐
19				☐
TOTAL				

ISBN: 978-1-958297-38-4

Corzo Creations, LLC

INCOME	
SOURCE	AMOUNT
TOTAL	

SAVINGS	
BUDGETED	ACTUAL
DIFFERENCE	

EXPENSES				
#	DESCRIPTION	DATE	AMOUNT	PAID
1				☐
2				☐
3				☐
4				☐
5				☐
6				☐
7				☐
8				☐
9				☐
10				☐
11				☐
12				☐
13				☐
14				☐
15				☐
16				☐
17				☐
18				☐
19				☐
TOTAL				

ISBN: 978-1-958297-38-4

Corzo Creations, LLC

INCOME	
SOURCE	AMOUNT
TOTAL	

SAVINGS	
BUDGETED	ACTUAL
DIFFERENCE	

EXPENSES				
#	DESCRIPTION	DATE	AMOUNT	PAID
1				☐
2				☐
3				☐
4				☐
5				☐
6				☐
7				☐
8				☐
9				☐
10				☐
11				☐
12				☐
13				☐
14				☐
15				☐
16				☐
17				☐
18				☐
19				☐
TOTAL				

ISBN: 978-1-958297-38-4
Corzo Creations, LLC

INCOME	
SOURCE	AMOUNT
TOTAL	

SAVINGS	
BUDGETED	ACTUAL
DIFFERENCE	

EXPENSES				
#	DESCRIPTION	DATE	AMOUNT	PAID
1				☐
2				☐
3				☐
4				☐
5				☐
6				☐
7				☐
8				☐
9				☐
10				☐
11				☐
12				☐
13				☐
14				☐
15				☐
16				☐
17				☐
18				☐
19				☐
TOTAL				

ISBN: 978-1-958297-38-4

Corzo Creations, LLC

INCOME	
SOURCE	AMOUNT
TOTAL	

SAVINGS	
BUDGETED	ACTUAL
DIFFERENCE	

EXPENSES				
#	DESCRIPTION	DATE	AMOUNT	PAID
1				☐
2				☐
3				☐
4				☐
5				☐
6				☐
7				☐
8				☐
9				☐
10				☐
11				☐
12				☐
13				☐
14				☐
15				☐
16				☐
17				☐
18				☐
19				☐
TOTAL				

ISBN: 978-1-958297-38-4

Corzo Creations, LLC

INCOME	
SOURCE	AMOUNT
TOTAL	

SAVINGS	
BUDGETED	ACTUAL
DIFFERENCE	

EXPENSES				
#	DESCRIPTION	DATE	AMOUNT	PAID
1				☐
2				☐
3				☐
4				☐
5				☐
6				☐
7				☐
8				☐
9				☐
10				☐
11				☐
12				☐
13				☐
14				☐
15				☐
16				☐
17				☐
18				☐
19				☐
TOTAL				

ISBN: 978-1-958297-38-4

Corzo Creations, LLC

INCOME	
SOURCE	AMOUNT
TOTAL	

SAVINGS	
BUDGETED	ACTUAL
DIFFERENCE	

EXPENSES				
#	DESCRIPTION	DATE	AMOUNT	PAID
1				☐
2				☐
3				☐
4				☐
5				☐
6				☐
7				☐
8				☐
9				☐
10				☐
11				☐
12				☐
13				☐
14				☐
15				☐
16				☐
17				☐
18				☐
19				☐
TOTAL				

ISBN: 978-1-958297-38-4

Corzo Creations, LLC

INCOME	
SOURCE	AMOUNT
TOTAL	

SAVINGS	
BUDGETED	ACTUAL
DIFFERENCE	

EXPENSES				
#	DESCRIPTION	DATE	AMOUNT	PAID
1				☐
2				☐
3				☐
4				☐
5				☐
6				☐
7				☐
8				☐
9				☐
10				☐
11				☐
12				☐
13				☐
14				☐
15				☐
16				☐
17				☐
18				☐
19				☐
TOTAL				

ISBN: 978-1-958297-38-4
Corzo Creations, LLC

INCOME	
SOURCE	AMOUNT
TOTAL	

SAVINGS	
BUDGETED	ACTUAL
DIFFERENCE	

EXPENSES				
#	DESCRIPTION	DATE	AMOUNT	PAID
1				☐
2				☐
3				☐
4				☐
5				☐
6				☐
7				☐
8				☐
9				☐
10				☐
11				☐
12				☐
13				☐
14				☐
15				☐
16				☐
17				☐
18				☐
19				☐
TOTAL				

ISBN: 978-1-958297-38-4

Corzo Creations, LLC

INCOME	
SOURCE	AMOUNT
TOTAL	

SAVINGS	
BUDGETED	ACTUAL
DIFFERENCE	

EXPENSES				
#	DESCRIPTION	DATE	AMOUNT	PAID
1				☐
2				☐
3				☐
4				☐
5				☐
6				☐
7				☐
8				☐
9				☐
10				☐
11				☐
12				☐
13				☐
14				☐
15				☐
16				☐
17				☐
18				☐
19				☐
TOTAL				

ISBN: 978-1-958297-38-4

Corzo Creations, LLC

INCOME	
SOURCE	AMOUNT
TOTAL	

SAVINGS	
BUDGETED	ACTUAL
DIFFERENCE	

EXPENSES				
#	DESCRIPTION	DATE	AMOUNT	PAID
1				☐
2				☐
3				☐
4				☐
5				☐
6				☐
7				☐
8				☐
9				☐
10				☐
11				☐
12				☐
13				☐
14				☐
15				☐
16				☐
17				☐
18				☐
19				☐
TOTAL				

ISBN: 978-1-958297-38-4

Corzo Creations, LLC

INCOME	
SOURCE	AMOUNT
TOTAL	

SAVINGS	
BUDGETED	ACTUAL
DIFFERENCE	

EXPENSES				
#	DESCRIPTION	DATE	AMOUNT	PAID
1				☐
2				☐
3				☐
4				☐
5				☐
6				☐
7				☐
8				☐
9				☐
10				☐
11				☐
12				☐
13				☐
14				☐
15				☐
16				☐
17				☐
18				☐
19				☐
TOTAL				

ISBN: 978-1-958297-38-4

Corzo Creations, LLC

INCOME	
SOURCE	AMOUNT
TOTAL	

SAVINGS	
BUDGETED	ACTUAL
DIFFERENCE	

EXPENSES				
#	DESCRIPTION	DATE	AMOUNT	PAID
1				☐
2				☐
3				☐
4				☐
5				☐
6				☐
7				☐
8				☐
9				☐
10				☐
11				☐
12				☐
13				☐
14				☐
15				☐
16				☐
17				☐
18				☐
19				☐
TOTAL				

ISBN: 978-1-958297-38-4
Corzo Creations, LLC

INCOME	
SOURCE	AMOUNT
TOTAL	

SAVINGS	
BUDGETED	ACTUAL
DIFFERENCE	

EXPENSES				
#	DESCRIPTION	DATE	AMOUNT	PAID
1				☐
2				☐
3				☐
4				☐
5				☐
6				☐
7				☐
8				☐
9				☐
10				☐
11				☐
12				☐
13				☐
14				☐
15				☐
16				☐
17				☐
18				☐
19				☐
TOTAL				

ISBN: 978-1-958297-38-4

Corzo Creations, LLC

INCOME	
SOURCE	AMOUNT
TOTAL	

SAVINGS	
BUDGETED	ACTUAL
DIFFERENCE	

EXPENSES				
#	DESCRIPTION	DATE	AMOUNT	PAID
1				☐
2				☐
3				☐
4				☐
5				☐
6				☐
7				☐
8				☐
9				☐
10				☐
11				☐
12				☐
13				☐
14				☐
15				☐
16				☐
17				☐
18				☐
19				☐
TOTAL				

My Notes

ISBN: 978-1-958297-38-4

Corzo Creations, LLC

INCOME	
SOURCE	AMOUNT
TOTAL	

SAVINGS	
BUDGETED	ACTUAL
DIFFERENCE	

EXPENSES				
#	DESCRIPTION	DATE	AMOUNT	PAID
1				☐
2				☐
3				☐
4				☐
5				☐
6				☐
7				☐
8				☐
9				☐
10				☐
11				☐
12				☐
13				☐
14				☐
15				☐
16				☐
17				☐
18				☐
19				☐
TOTAL				

ISBN: 978-1-958297-38-4 Corzo Creations, LLC

INCOME	
SOURCE	AMOUNT
TOTAL	

SAVINGS	
BUDGETED	ACTUAL
DIFFERENCE	

EXPENSES				
#	DESCRIPTION	DATE	AMOUNT	PAID
1				☐
2				☐
3				☐
4				☐
5				☐
6				☐
7				☐
8				☐
9				☐
10				☐
11				☐
12				☐
13				☐
14				☐
15				☐
16				☐
17				☐
18				☐
19				☐
TOTAL				

ISBN: 978-1-958297-38-4 Corzo Creations, LLC

INCOME	
SOURCE	AMOUNT
TOTAL	

SAVINGS	
BUDGETED	ACTUAL
DIFFERENCE	

EXPENSES				
#	DESCRIPTION	DATE	AMOUNT	PAID
1				☐
2				☐
3				☐
4				☐
5				☐
6				☐
7				☐
8				☐
9				☐
10				☐
11				☐
12				☐
13				☐
14				☐
15				☐
16				☐
17				☐
18				☐
19				☐
TOTAL				

ISBN: 978-1-958297-38-4
Corzo Creations, LLC

INCOME	
SOURCE	AMOUNT
TOTAL	

SAVINGS	
BUDGETED	ACTUAL
DIFFERENCE	

EXPENSES				
#	DESCRIPTION	DATE	AMOUNT	PAID
1				☐
2				☐
3				☐
4				☐
5				☐
6				☐
7				☐
8				☐
9				☐
10				☐
11				☐
12				☐
13				☐
14				☐
15				☐
16				☐
17				☐
18				☐
19				☐
TOTAL				

ISBN: 978-1-958297-38-4
Corzo Creations, LLC

INCOME	
SOURCE	AMOUNT
TOTAL	

SAVINGS	
BUDGETED	ACTUAL
DIFFERENCE	

EXPENSES				
#	DESCRIPTION	DATE	AMOUNT	PAID
1				☐
2				☐
3				☐
4				☐
5				☐
6				☐
7				☐
8				☐
9				☐
10				☐
11				☐
12				☐
13				☐
14				☐
15				☐
16				☐
17				☐
18				☐
19				☐
TOTAL				

ISBN: 978-1-958297-38-4

Corzo Creations, LLC

INCOME	
SOURCE	AMOUNT
TOTAL	

SAVINGS	
BUDGETED	ACTUAL
DIFFERENCE	

EXPENSES				
#	DESCRIPTION	DATE	AMOUNT	PAID
1				☐
2				☐
3				☐
4				☐
5				☐
6				☐
7				☐
8				☐
9				☐
10				☐
11				☐
12				☐
13				☐
14				☐
15				☐
16				☐
17				☐
18				☐
19				☐
TOTAL				

ISBN: 978-1-958297-38-4

Corzo Creations, LLC

INCOME	
SOURCE	AMOUNT
TOTAL	

SAVINGS	
BUDGETED	ACTUAL
DIFFERENCE	

EXPENSES				
#	DESCRIPTION	DATE	AMOUNT	PAID
1				☐
2				☐
3				☐
4				☐
5				☐
6				☐
7				☐
8				☐
9				☐
10				☐
11				☐
12				☐
13				☐
14				☐
15				☐
16				☐
17				☐
18				☐
19				☐
TOTAL				

ISBN: 978-1-958297-38-4
Corzo Creations, LLC

INCOME	
SOURCE	AMOUNT
TOTAL	

SAVINGS	
BUDGETED	ACTUAL
DIFFERENCE	

EXPENSES				
#	DESCRIPTION	DATE	AMOUNT	PAID
1				☐
2				☐
3				☐
4				☐
5				☐
6				☐
7				☐
8				☐
9				☐
10				☐
11				☐
12				☐
13				☐
14				☐
15				☐
16				☐
17				☐
18				☐
19				☐
TOTAL				

ISBN: 978-1-958297-38-4

Corzo Creations, LLC

INCOME	
SOURCE	AMOUNT
TOTAL	

SAVINGS	
BUDGETED	ACTUAL
DIFFERENCE	

EXPENSES				
#	DESCRIPTION	DATE	AMOUNT	PAID
1				☐
2				☐
3				☐
4				☐
5				☐
6				☐
7				☐
8				☐
9				☐
10				☐
11				☐
12				☐
13				☐
14				☐
15				☐
16				☐
17				☐
18				☐
19				☐
TOTAL				

ISBN: 978-1-958297-38-4

Corzo Creations, LLC

INCOME	
SOURCE	AMOUNT
TOTAL	

SAVINGS	
BUDGETED	ACTUAL
DIFFERENCE	

EXPENSES				
#	DESCRIPTION	DATE	AMOUNT	PAID
1				☐
2				☐
3				☐
4				☐
5				☐
6				☐
7				☐
8				☐
9				☐
10				☐
11				☐
12				☐
13				☐
14				☐
15				☐
16				☐
17				☐
18				☐
19				☐
TOTAL				

ISBN: 978-1-958297-38-4

Corzo Creations, LLC

INCOME	
SOURCE	AMOUNT
TOTAL	

SAVINGS	
BUDGETED	ACTUAL
DIFFERENCE	

EXPENSES				
#	DESCRIPTION	DATE	AMOUNT	PAID
1				☐
2				☐
3				☐
4				☐
5				☐
6				☐
7				☐
8				☐
9				☐
10				☐
11				☐
12				☐
13				☐
14				☐
15				☐
16				☐
17				☐
18				☐
19				☐
TOTAL				

ISBN: 978-1-958297-38-4

Corzo Creations, LLC

INCOME	
SOURCE	AMOUNT
TOTAL	

SAVINGS	
BUDGETED	ACTUAL
DIFFERENCE	

EXPENSES				
#	DESCRIPTION	DATE	AMOUNT	PAID
1				☐
2				☐
3				☐
4				☐
5				☐
6				☐
7				☐
8				☐
9				☐
10				☐
11				☐
12				☐
13				☐
14				☐
15				☐
16				☐
17				☐
18				☐
19				☐
TOTAL				

ISBN: 978-1-958297-38-4

Corzo Creations, LLC

INCOME	
SOURCE	AMOUNT
TOTAL	

SAVINGS	
BUDGETED	ACTUAL
DIFFERENCE	

EXPENSES				
#	DESCRIPTION	DATE	AMOUNT	PAID
1				☐
2				☐
3				☐
4				☐
5				☐
6				☐
7				☐
8				☐
9				☐
10				☐
11				☐
12				☐
13				☐
14				☐
15				☐
16				☐
17				☐
18				☐
19				☐
TOTAL				

ISBN: 978-1-958297-38-4

Corzo Creations, LLC

INCOME	
SOURCE	AMOUNT
TOTAL	

SAVINGS	
BUDGETED	ACTUAL
DIFFERENCE	

EXPENSES				
#	DESCRIPTION	DATE	AMOUNT	PAID
1				☐
2				☐
3				☐
4				☐
5				☐
6				☐
7				☐
8				☐
9				☐
10				☐
11				☐
12				☐
13				☐
14				☐
15				☐
16				☐
17				☐
18				☐
19				☐
TOTAL				

ISBN: 978-1-958297-38-4

Corzo Creations, LLC

INCOME	
SOURCE	AMOUNT
TOTAL	

SAVINGS	
BUDGETED	ACTUAL
DIFFERENCE	

EXPENSES				
#	DESCRIPTION	DATE	AMOUNT	PAID
1				☐
2				☐
3				☐
4				☐
5				☐
6				☐
7				☐
8				☐
9				☐
10				☐
11				☐
12				☐
13				☐
14				☐
15				☐
16				☐
17				☐
18				☐
19				☐
TOTAL				

ISBN: 978-1-958297-38-4
Corzo Creations, LLC

INCOME	
SOURCE	AMOUNT
TOTAL	

SAVINGS	
BUDGETED	ACTUAL
DIFFERENCE	

EXPENSES				
#	DESCRIPTION	DATE	AMOUNT	PAID
1				☐
2				☐
3				☐
4				☐
5				☐
6				☐
7				☐
8				☐
9				☐
10				☐
11				☐
12				☐
13				☐
14				☐
15				☐
16				☐
17				☐
18				☐
19				☐
TOTAL				

My Notes

ISBN: 978-1-958297-38-4
Corzo Creations, LLC

INCOME	
SOURCE	AMOUNT
TOTAL	

SAVINGS	
BUDGETED	ACTUAL
DIFFERENCE	

EXPENSES				
#	DESCRIPTION	DATE	AMOUNT	PAID
1				☐
2				☐
3				☐
4				☐
5				☐
6				☐
7				☐
8				☐
9				☐
10				☐
11				☐
12				☐
13				☐
14				☐
15				☐
16				☐
17				☐
18				☐
19				☐
TOTAL				

ISBN: 978-1-958297-38-4
Corzo Creations, LLC

INCOME	
SOURCE	AMOUNT
TOTAL	

SAVINGS	
BUDGETED	ACTUAL
DIFFERENCE	

EXPENSES				
#	DESCRIPTION	DATE	AMOUNT	PAID
1				☐
2				☐
3				☐
4				☐
5				☐
6				☐
7				☐
8				☐
9				☐
10				☐
11				☐
12				☐
13				☐
14				☐
15				☐
16				☐
17				☐
18				☐
19				☐
TOTAL				

ISBN: 978-1-958297-38-4 Corzo Creations, LLC

INCOME	
SOURCE	AMOUNT
TOTAL	

SAVINGS	
BUDGETED	ACTUAL
DIFFERENCE	

EXPENSES				
#	DESCRIPTION	DATE	AMOUNT	PAID
1				☐
2				☐
3				☐
4				☐
5				☐
6				☐
7				☐
8				☐
9				☐
10				☐
11				☐
12				☐
13				☐
14				☐
15				☐
16				☐
17				☐
18				☐
19				☐
TOTAL				

ISBN: 978-1-958297-38-4

Corzo Creations, LLC

INCOME	
SOURCE	AMOUNT
TOTAL	

SAVINGS	
BUDGETED	ACTUAL
DIFFERENCE	

EXPENSES				
#	DESCRIPTION	DATE	AMOUNT	PAID
1				☐
2				☐
3				☐
4				☐
5				☐
6				☐
7				☐
8				☐
9				☐
10				☐
11				☐
12				☐
13				☐
14				☐
15				☐
16				☐
17				☐
18				☐
19				☐
TOTAL				

ISBN: 978-1-958297-38-4

Corzo Creations, LLC

INCOME	
SOURCE	AMOUNT
TOTAL	

SAVINGS	
BUDGETED	ACTUAL
DIFFERENCE	

EXPENSES				
#	DESCRIPTION	DATE	AMOUNT	PAID
1				☐
2				☐
3				☐
4				☐
5				☐
6				☐
7				☐
8				☐
9				☐
10				☐
11				☐
12				☐
13				☐
14				☐
15				☐
16				☐
17				☐
18				☐
19				☐
TOTAL				

ISBN: 978-1-958297-38-4

Corzo Creations, LLC

INCOME	
SOURCE	AMOUNT
TOTAL	

SAVINGS	
BUDGETED	ACTUAL
DIFFERENCE	

EXPENSES				
#	DESCRIPTION	DATE	AMOUNT	PAID
1				☐
2				☐
3				☐
4				☐
5				☐
6				☐
7				☐
8				☐
9				☐
10				☐
11				☐
12				☐
13				☐
14				☐
15				☐
16				☐
17				☐
18				☐
19				☐
TOTAL				

ISBN: 978-1-958297-38-4

Corzo Creations, LLC

INCOME	
SOURCE	AMOUNT
TOTAL	

SAVINGS	
BUDGETED	ACTUAL
DIFFERENCE	

EXPENSES				
#	DESCRIPTION	DATE	AMOUNT	PAID
1				☐
2				☐
3				☐
4				☐
5				☐
6				☐
7				☐
8				☐
9				☐
10				☐
11				☐
12				☐
13				☐
14				☐
15				☐
16				☐
17				☐
18				☐
19				☐
TOTAL				

ISBN: 978-1-958297-38-4

Corzo Creations, LLC

INCOME	
SOURCE	AMOUNT
TOTAL	

SAVINGS	
BUDGETED	ACTUAL
DIFFERENCE	

EXPENSES				
#	DESCRIPTION	DATE	AMOUNT	PAID
1				☐
2				☐
3				☐
4				☐
5				☐
6				☐
7				☐
8				☐
9				☐
10				☐
11				☐
12				☐
13				☐
14				☐
15				☐
16				☐
17				☐
18				☐
19				☐
TOTAL				

ISBN: 978-1-958297-38-4

Corzo Creations, LLC

INCOME	
SOURCE	AMOUNT
TOTAL	

SAVINGS	
BUDGETED	ACTUAL
DIFFERENCE	

EXPENSES				
#	DESCRIPTION	DATE	AMOUNT	PAID
1				☐
2				☐
3				☐
4				☐
5				☐
6				☐
7				☐
8				☐
9				☐
10				☐
11				☐
12				☐
13				☐
14				☐
15				☐
16				☐
17				☐
18				☐
19				☐
TOTAL				

ISBN: 978-1-958297-38-4

Corzo Creations, LLC

INCOME	
SOURCE	AMOUNT
TOTAL	

SAVINGS	
BUDGETED	ACTUAL
DIFFERENCE	

EXPENSES				
#	DESCRIPTION	DATE	AMOUNT	PAID
1				☐
2				☐
3				☐
4				☐
5				☐
6				☐
7				☐
8				☐
9				☐
10				☐
11				☐
12				☐
13				☐
14				☐
15				☐
16				☐
17				☐
18				☐
19				☐
TOTAL				

ISBN: 978-1-958297-38-4
Corzo Creations, LLC

INCOME	
SOURCE	AMOUNT
TOTAL	

SAVINGS	
BUDGETED	ACTUAL
DIFFERENCE	

EXPENSES				
#	DESCRIPTION	DATE	AMOUNT	PAID
1				☐
2				☐
3				☐
4				☐
5				☐
6				☐
7				☐
8				☐
9				☐
10				☐
11				☐
12				☐
13				☐
14				☐
15				☐
16				☐
17				☐
18				☐
19				☐
TOTAL				

ISBN: 978-1-958297-38-4

Corzo Creations, LLC

INCOME	
SOURCE	AMOUNT
TOTAL	

SAVINGS	
BUDGETED	ACTUAL
DIFFERENCE	

EXPENSES				
#	DESCRIPTION	DATE	AMOUNT	PAID
1				☐
2				☐
3				☐
4				☐
5				☐
6				☐
7				☐
8				☐
9				☐
10				☐
11				☐
12				☐
13				☐
14				☐
15				☐
16				☐
17				☐
18				☐
19				☐
TOTAL				

ISBN: 978-1-958297-38-4

Corzo Creations, LLC

INCOME	
SOURCE	AMOUNT
TOTAL	

SAVINGS	
BUDGETED	ACTUAL
DIFFERENCE	

EXPENSES				
#	DESCRIPTION	DATE	AMOUNT	PAID
1				☐
2				☐
3				☐
4				☐
5				☐
6				☐
7				☐
8				☐
9				☐
10				☐
11				☐
12				☐
13				☐
14				☐
15				☐
16				☐
17				☐
18				☐
19				☐
TOTAL				

ISBN: 978-1-958297-38-4

Corzo Creations, LLC

INCOME	
SOURCE	AMOUNT
TOTAL	

SAVINGS	
BUDGETED	ACTUAL
DIFFERENCE	

EXPENSES				
#	DESCRIPTION	DATE	AMOUNT	PAID
1				☐
2				☐
3				☐
4				☐
5				☐
6				☐
7				☐
8				☐
9				☐
10				☐
11				☐
12				☐
13				☐
14				☐
15				☐
16				☐
17				☐
18				☐
19				☐
TOTAL				

ISBN: 978-1-958297-38-4

Corzo Creations, LLC

INCOME	
SOURCE	AMOUNT
TOTAL	

SAVINGS	
BUDGETED	ACTUAL
DIFFERENCE	

EXPENSES				
#	DESCRIPTION	DATE	AMOUNT	PAID
1				☐
2				☐
3				☐
4				☐
5				☐
6				☐
7				☐
8				☐
9				☐
10				☐
11				☐
12				☐
13				☐
14				☐
15				☐
16				☐
17				☐
18				☐
19				☐
TOTAL				

ISBN: 978-1-958297-38-4

Corzo Creations, LLC

INCOME	
SOURCE	AMOUNT
TOTAL	

SAVINGS	
BUDGETED	ACTUAL
DIFFERENCE	

EXPENSES				
#	DESCRIPTION	DATE	AMOUNT	PAID
1				☐
2				☐
3				☐
4				☐
5				☐
6				☐
7				☐
8				☐
9				☐
10				☐
11				☐
12				☐
13				☐
14				☐
15				☐
16				☐
17				☐
18				☐
19				☐
TOTAL				

ISBN: 978-1-958297-38-4

INCOME	
SOURCE	AMOUNT
TOTAL	

SAVINGS	
BUDGETED	ACTUAL
DIFFERENCE	

EXPENSES				
#	DESCRIPTION	DATE	AMOUNT	PAID
1				☐
2				☐
3				☐
4				☐
5				☐
6				☐
7				☐
8				☐
9				☐
10				☐
11				☐
12				☐
13				☐
14				☐
15				☐
16				☐
17				☐
18				☐
19				☐
TOTAL				

ISBN: 978-1-958297-38-4

Corzo Creations, LLC

INCOME	
SOURCE	AMOUNT
TOTAL	

SAVINGS	
BUDGETED	ACTUAL
DIFFERENCE	

EXPENSES				
#	DESCRIPTION	DATE	AMOUNT	PAID
1				☐
2				☐
3				☐
4				☐
5				☐
6				☐
7				☐
8				☐
9				☐
10				☐
11				☐
12				☐
13				☐
14				☐
15				☐
16				☐
17				☐
18				☐
19				☐
TOTAL				

ISBN: 978-1-958297-38-4
Corzo Creations, LLC

INCOME	
SOURCE	AMOUNT
TOTAL	

SAVINGS	
BUDGETED	ACTUAL
DIFFERENCE	

EXPENSES				
#	DESCRIPTION	DATE	AMOUNT	PAID
1				☐
2				☐
3				☐
4				☐
5				☐
6				☐
7				☐
8				☐
9				☐
10				☐
11				☐
12				☐
13				☐
14				☐
15				☐
16				☐
17				☐
18				☐
19				☐
TOTAL				

ISBN: 978-1-958297-38-4

Corzo Creations, LLC

INCOME	
SOURCE	AMOUNT
TOTAL	

SAVINGS	
BUDGETED	ACTUAL
DIFFERENCE	

EXPENSES				
#	DESCRIPTION	DATE	AMOUNT	PAID
1				☐
2				☐
3				☐
4				☐
5				☐
6				☐
7				☐
8				☐
9				☐
10				☐
11				☐
12				☐
13				☐
14				☐
15				☐
16				☐
17				☐
18				☐
19				☐
TOTAL				

ISBN: 978-1-958297-38-4

Corzo Creations, LLC

INCOME	
SOURCE	AMOUNT
TOTAL	

SAVINGS	
BUDGETED	ACTUAL
DIFFERENCE	

EXPENSES				
#	DESCRIPTION	DATE	AMOUNT	PAID
1				☐
2				☐
3				☐
4				☐
5				☐
6				☐
7				☐
8				☐
9				☐
10				☐
11				☐
12				☐
13				☐
14				☐
15				☐
16				☐
17				☐
18				☐
19				☐
TOTAL				

ISBN: 978-1-958297-38-4

Corzo Creations, LLC

INCOME	
SOURCE	AMOUNT
TOTAL	

SAVINGS	
BUDGETED	ACTUAL
DIFFERENCE	

EXPENSES				
#	DESCRIPTION	DATE	AMOUNT	PAID
1				☐
2				☐
3				☐
4				☐
5				☐
6				☐
7				☐
8				☐
9				☐
10				☐
11				☐
12				☐
13				☐
14				☐
15				☐
16				☐
17				☐
18				☐
19				☐
TOTAL				

ISBN: 978-1-958297-38-4

Corzo Creations, LLC

INCOME	
SOURCE	AMOUNT
TOTAL	

SAVINGS	
BUDGETED	ACTUAL
DIFFERENCE	

EXPENSES				
#	DESCRIPTION	DATE	AMOUNT	PAID
1				☐
2				☐
3				☐
4				☐
5				☐
6				☐
7				☐
8				☐
9				☐
10				☐
11				☐
12				☐
13				☐
14				☐
15				☐
16				☐
17				☐
18				☐
19				☐
TOTAL				

ISBN: 978-1-958297-38-4

Corzo Creations, LLC

INCOME	
SOURCE	AMOUNT
TOTAL	

SAVINGS	
BUDGETED	ACTUAL
DIFFERENCE	

EXPENSES				
#	DESCRIPTION	DATE	AMOUNT	PAID
1				☐
2				☐
3				☐
4				☐
5				☐
6				☐
7				☐
8				☐
9				☐
10				☐
11				☐
12				☐
13				☐
14				☐
15				☐
16				☐
17				☐
18				☐
19				☐
TOTAL				

ISBN: 978-1-958297-38-4
Corzo Creations, LLC

INCOME	
SOURCE	AMOUNT
TOTAL	

SAVINGS	
BUDGETED	ACTUAL
DIFFERENCE	

EXPENSES				
#	DESCRIPTION	DATE	AMOUNT	PAID
1				☐
2				☐
3				☐
4				☐
5				☐
6				☐
7				☐
8				☐
9				☐
10				☐
11				☐
12				☐
13				☐
14				☐
15				☐
16				☐
17				☐
18				☐
19				☐
TOTAL				

ISBN: 978-1-958297-38-4
Corzo Creations, LLC

INCOME	
SOURCE	AMOUNT
TOTAL	

SAVINGS	
BUDGETED	ACTUAL
DIFFERENCE	

EXPENSES				
#	DESCRIPTION	DATE	AMOUNT	PAID
1				☐
2				☐
3				☐
4				☐
5				☐
6				☐
7				☐
8				☐
9				☐
10				☐
11				☐
12				☐
13				☐
14				☐
15				☐
16				☐
17				☐
18				☐
19				☐
TOTAL				

ISBN: 978-1-958297-38-4
Corzo Creations, LLC

INCOME	
SOURCE	AMOUNT
TOTAL	

SAVINGS	
BUDGETED	ACTUAL
DIFFERENCE	

EXPENSES				
#	DESCRIPTION	DATE	AMOUNT	PAID
1				☐
2				☐
3				☐
4				☐
5				☐
6				☐
7				☐
8				☐
9				☐
10				☐
11				☐
12				☐
13				☐
14				☐
15				☐
16				☐
17				☐
18				☐
19				☐
TOTAL				

ISBN: 978-1-958297-38-4

Corzo Creations, LLC

INCOME	
SOURCE	AMOUNT
TOTAL	

SAVINGS	
BUDGETED	ACTUAL
DIFFERENCE	

EXPENSES				
#	DESCRIPTION	DATE	AMOUNT	PAID
1				☐
2				☐
3				☐
4				☐
5				☐
6				☐
7				☐
8				☐
9				☐
10				☐
11				☐
12				☐
13				☐
14				☐
15				☐
16				☐
17				☐
18				☐
19				☐
TOTAL				

ISBN: 978-1-958297-38-4

Corzo Creations, LLC

INCOME	
SOURCE	AMOUNT
TOTAL	

SAVINGS	
BUDGETED	ACTUAL
DIFFERENCE	

EXPENSES				
#	DESCRIPTION	DATE	AMOUNT	PAID
1				☐
2				☐
3				☐
4				☐
5				☐
6				☐
7				☐
8				☐
9				☐
10				☐
11				☐
12				☐
13				☐
14				☐
15				☐
16				☐
17				☐
18				☐
19				☐
TOTAL				

ISBN: 978-1-958297-38-4

Corzo Creations, LLC

INCOME	
SOURCE	AMOUNT
TOTAL	

SAVINGS	
BUDGETED	ACTUAL
DIFFERENCE	

EXPENSES				
#	DESCRIPTION	DATE	AMOUNT	PAID
1				☐
2				☐
3				☐
4				☐
5				☐
6				☐
7				☐
8				☐
9				☐
10				☐
11				☐
12				☐
13				☐
14				☐
15				☐
16				☐
17				☐
18				☐
19				☐
TOTAL				

ISBN: 978-1-958297-38-4

Corzo Creations, LLC

INCOME	
SOURCE	AMOUNT
TOTAL	

SAVINGS	
BUDGETED	ACTUAL
DIFFERENCE	

EXPENSES				
#	DESCRIPTION	DATE	AMOUNT	PAID
1				☐
2				☐
3				☐
4				☐
5				☐
6				☐
7				☐
8				☐
9				☐
10				☐
11				☐
12				☐
13				☐
14				☐
15				☐
16				☐
17				☐
18				☐
19				☐
TOTAL				

My Notes

Made in the USA
Monee, IL
04 November 2026

67386553R00049